This Notebook Belongs To

___

www.ingramcontent.com/pod-product-compliance
Lightning Source LLC
LaVergne TN
LVHW061941070526
838199LV00060B/3909
* 9 7 8 9 1 4 3 1 1 7 8 9 9 *